CATALOGUE
D'ESTAMPES
ANCIENNES

Imprimées en noir et en couleurs

DES ÉCOLES FRANÇAISE ET ANGLAISE
du XVIIIe siècle.

Par ou d'après :

BARTOLOZZI, BAUDOUIN, BIGG, BOILLY, BONNET, COSWAY,
COUSINS, DEBUCOURT, DE GOUY, DEMARTEAU, EISEN,
FRAGONARD, GREUZE, HOPPNER,
HUET, JANINET, KAUFFMANN, LAVREINCE, LAWRENCE,
MARIN, MOREAU LE JEUNE, MORLAND, MURPHY,
QUEVERDO, REYNOLDS, ROMNEY, SMITH, TAUNAY, WARD,
WATTEAU, WHEATLEY, etc., etc.

Retraite du Bataillon Sacré, par Aug. Raffet.

Dont la Vente aux enchères aura lieu

HOTEL DES COMMISSAIRES-PRISEURS, Rue Drouot, N° 9

Salle N° 11.

Le Jeudi 21 Mars 1907, à deux heures.

Commissaire-priseur :	*Expert :*
Me Maurice DELESTRE	M. Paul ROBLIN
5, Rue Saint-Georges, 5	*65, Rue Saint-Lazare, 65*

EXPOSITION PUBLIQUE

Le MERCREDI 20 Mars 1907, de 2 heures à 6 heures.

CONDITIONS DE LA VENTE

Elle sera faite au comptant.

Les Acquéreurs paieront *dix pour cent* en sus des frais d'adjudication.

L'Expert chargé de la vente se réserve la faculté de rassembler ou de diviser les lots, et remplira, aux conditions d'usage, les Commissions que voudront bien lui confier MM. les Amateurs.

ESTAMPES

ANCIENNES

Imprimées en noir et en couleurs

DES ÉCOLES FRANÇAISE & ANGLAISE

DU XVIIIe SIÈCLE

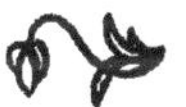

MARS 1907

DÉSIGNATION

ESTAMPES

ALIX (P. M.)

1. *Corneille* (Pierre). Ovale in-4, d'après Ch. Lebrun.

Belle épreuve avant toutes lettres, imprimée en couleurs, petites marges.

AUBERT (d'après L.)

2. Le Billet doux, par Cl. Duflos.

Très belle épreuve, marges.

BALLONS (Pièces sur les)

3. Aux Amateurs de Physique (Thuilleries, 1784).

Epreuve en couleurs, cadre ancien en bois sculpté et doré, de l'époque Louis XVI.

BANCE (A Paris, chez)

4. Henry et Jessy; in-4.

Très belle épreuve imprimée en couleurs, grandes marges.

BARTOLOZZI (Fr.)

5. *Wallis* (Miss). Dessiné et gravé par l'artiste. 1795.

Très belle épreuve de ce joli portrait qui fait pendant à la *Miss Farren*, petites marges, très rare.

BAUDOUIN (d'après P. A.)

6. L'Amour à l'épreuve, par Beauvarlet (E. B. 5).

Belle épreuve du 3e état avant la retouche, marges (piqûres d'humidité).

BAUDOUIN (d'après P. A.)

7. Annette et Lubin, par N. Ponce (E. B. 9).

Très belle épreuve, petites marges.

BAUDOUIN (d'après P. A.)

8. Le Carquois épuisé, par N. de Launay (E. B. 11).

Très belle épreuve, sans marges, encadrée.

BAUDOUIN (d'après P. A.)

9. Le Coucher de la Mariée, gravé à l'eau-forte par J. M. Moreau et terminé au burin par Simonet (E B. 16).

Très belle épreuve avant la lettre. La marge du bas a un peu souffert.

BAUDOUIN (d'après P. A.)

10. L'Enlèvement nocturne, par N. Ponce (E. B. 20).

Très belle et rare épreuve avant la lettre, marges.

BAUDOUIN (d'après P. A.)

11. Le Fruit de l'Amour secret, par Voyez Junior (E. B. 23).

Très belle épreuve, grandes marges.

BAUDOUIN (d'après P. A.)

12. Le Matin. — Le Midi. — La Nuit. — Le Soir. Suite de quatre pièces faisant pendants, par De Ghendt (E. B. 32, 33, 35 et 46).

Superbes et très rares épreuves avant la lettre et avec la tablette blanche. L'épreuve du Soir est avant la draperie. Marges.

BAUDOUIN (d'après P. A.)

13. Le Midi. — Le Soir. Deux pièces gravées par de Ghendt (E. B. 23 et 46).

Très belles épreuves, marges.

BIGG (d'après W. R.)

14. Black Monday or the départure for School.
Dulce Domum or the return from School.
Deux pièces faisant pendants, gravées par J. Jones.

Très belles épreuves imprimées et rehaussées de coul.; marges. Cadres anciens, en bois sculpté et doré.

BIGG (W.) et **SINGLETON** (d'après)

15. Le Père absent, ou les Chagrins de la Guerre.
Le Père de retour, ou les Avantages de la Paix.
Deux pièces in-fol., faisant pendants, gravées par W. Nutter. 1797.

Très belles épreuves imprimées en couleurs, marges.

BOILLY (d'après L.)

16. L'Amant favorisé.
La Comparaison des petits pieds.
Deux pièces faisant pendants, gravées par Chaponnier.

Très belles épreuves, grandes marges.

BOILLY (d'après L.)

17. L'Amant musicien, par J. P. Levilly.

Très belle épreuve. A toutes marges non ébarbées.

BOILLY (d'après L.)

18. L'Amour couronné.
L'Optique.

Deux estampes in-fol. faisant pendants, gravées par Cazenave.

Superbes épreuves avant la lettre, les noms d'artistes tracés à la pointe, marges.

BOILLY (d'après L.)

19. Le Cadeau, par J. Bonnefoy.

Très belle épreuve imprimée en couleurs, marges. (Petite restauration dans la marge du bas à gauche).

BOILLY (d'après L.)

20. L'Optique, par F. Cazenave.

Très belle épreuve en couleurs. Marges.

BOILLY (d'après L.)

21. L'Optique ; in-4, gravé au pointillé, sans noms d'artistes. *A Paris, Rue des Noyers, N° 15.*

Très belle épreuve. Grandes marges.

BOILLY (d'après L.)

22. La Précaution, par Tresca.

Très belle épreuve. Marges.

BOILLY (d'après L.)

23. Le Prélude de Nina, par Alex. Chaponnier.

Très belle épreuve avant la lettre. Marges.

BOILLY (L.) et VAN GORP (d'après)

24. Séparation douloureuse.
Entrevue consolante.
Deux pièces in-fol. faisant pendants, gravées par Schenker.

Très belles épreuves imprimées en couleurs. Marges.

BONNET (L. M.)

25. Le Réveil de Vénus, d'après J.-B. Huet.

Superbe épreuve imprimée en couleurs avant toutes lettres et avant la draperie. Grandes marges.

BONNET (L. M.)

26. Tête de femme, d'après Leclerc.

Très belle épreuve imprimée à la sanguine. Marges.

BONNET (A Paris, chez)

27. Les Apprêts du bain. — La Dormeuse. Deux pièces in-4.

Très belles épreuves imprimées en couleurs. Marges.

BONNET (A Paris, chez)

28. Tête de femme, profil dirigé vers la droite, d'après Lagrenée, in-4.

Belle épreuve aux crayons de couleurs. Petites marges (Piqûres d'humidité).

BONNEVILLE (d'après)

29. *Barras* (M. Paul). — *Carnot* (Lazare). Deux portraits in-8 ovales, gravés par Compagnie.

Belles épreuves imprimées en couleurs. Petites marges. Rare.

BOREL (d'après Ant.)

30. L'Indiscret, par Dequevauviller.

Belle épreuve. Marges (Piqûres d'humidité).

BUNBURY (d'après H.)

31. Fille de Montmélian.
Paysanne de la Maurienne.
Deux pièces in-4 faisant pendants, gravés par W. Dickinson.

Très belles épreuves, imprimées en bistre. Marges.

CLARK (d'après John. Heaviside).

32. Le Champ de bataille de Waterloo, tel qu'il parut le lendemain matin de la mémorable bataille du 18 Juin 1815, par M. Dubourg. Gr. in-fol., 1817.

Très belle épreuve en couleurs, grandes marges, encadrée.

COSTUMES

33. Marchande de modes portant la marchandise en Ville ; in-4 par Dupin, d'après Leclerc.

Très belle épreuve en couleurs. Marges.

COSWAY (d'après R.)

34. *Butkeley* (The Right Honble Harriet Viscountess). In-4 en pied, par Fr. Bartolozzi.

Epreuve à la sanguine d'un tirage postérieur.

COSWAY (d'après R.)

35. Infancy. Ovale in-4, par Bartolonii.

Belle épreuve à toutes marges.

COSWAY (d'après R.)

36. Jupiter et Léda, par Picot. In-8 en larg.

Belle épreuve à la sanguine. Marges.

COUSINS (Samuel)

37. *Hope* (Master). In-4, d'après Sir Thomas Lawrence.

Très belle épreuve avec la petite lettre.

COUSINS (Samuel)

38. *Lambton* (Master), d'après Sir Thomas Lawrence. 1827, in-4 à la manière noire.

Portrait du dernier fils de John Georges Lambton (Earl of Durham en 1833). En pied, de face, assis sur un rocher, la tête appuyée sur le bras gauche, en costume de velours.

Très belle épreuve du 2e état avec les mots : *Printed by W. Chatfield and Co*. Grandes marges. Rare.

COUSINS (Samuel)

39. *Lambton* (Master), d'après Sir Thomas Lawrence. 1827, in-4, à la manière noire.

Très belle épreuve du 3e état, avec les mots : *Printed by W. Chatefield and Cie* effacés. Très grandes marges.

COUSINS (Samuel)

40. Childhood's Companion (*Miss Peel*). In-fol., à la manière noire, d'après sir Thomas Lawrence.

Belle épreuve, grandes marges.

DAWE (d'après G.)

41. *O'Neill* (Miss). In the character of Juliet. In-fol., à la manière noire, par G. Mail.

Très belle épreuve, petites marges.

DEBUCOURT (P. L.)

42. Le Menuet de la Mariée (M. F. 8).

Très belle épreuve imprimée en couleurs, du 5e état, avant les retouches définitives, décrites au 6e état. Elle est d'une parfaite conservation, mais rognée au trait carré et remmargée.
Légères piqûres d'humidité dans le ciel.

DEBUCOURT (P. L.)

43. Heur et Malheur, ou la Cruche cassée (M. F. 12).

Superbe épreuve imprimée en couleurs, du 3e état. Très grandes marges.
Légères mouillures.

DEBUCOURT (P. L.)

44. L'Escalade, ou les adieux du matin (M. F. 13).

Superbe épreuve imprimée en couleurs, avec dans la partie gravée à g. la signature et la date : *L. de Bucourt, 1787.*
Elle est rognée au ras du gros trait noir et remmargée.

DEBUCOURT (P. L.)

45. La Noce au château (M. F. 21).

Splendide épreuve avant toutes lettres, imprimée en couleurs du 2e état, seulement le nom de l'Artiste tracé à la pointe : *De Bucourt, 1789.* Marges de 1 et 2 centimètres. De toute rareté en aussi bel état de conservation.

DEBUCOURT (P. L.)

46. Le Coup de Tonnerre, d'après C. Vernet, gd in-fol. (519).

Très belle épreuve, sans marges.

DE GOUY

47. Enfance de Paul et Virginie.
Adolescence de Paul et Virginie.
Deux petits médaillons faisant pendants.
Très belles épreuves imprimées en couleurs, petites marges

DE GOUY

48. Le Modèle disposé, d'après Boilly. Petit médaillon.
Très belle épreuve imprimée en couleurs, petites marges.

DE GOUY

49. L'Offrande à l'Amour, d'après J.-B. Huet. Petit médaillon.
Très belle épreuve imprimée en couleurs, sans marges.

DE GOUY

50. Le Serment d'Amour, d'après H. Fragonard. Petit médaillon.
Très belle épreuve imprimée en couleurs, sans marges.

DEMARTEAU (G.)

51. La Bergère au Cœur, d'après Fr. Boucher; in-fol. en larg. (De L. 73).
Très belle épreuve à la sanguine, sans marges.

DEMARTEAU (G.)

52. Ninette, d'après Fr. Boucher (179).
Belle épreuve à la sanguine.

DEMARTEAU (G.)

53. *Louis XVI*, Roi de France et de Navarre, 1774. Médaillon d'après Vassé (de L. 224).
Très belle épreuve. Grandes marges.

DEMARTEAU (G.)

54. Portrait de Madame Geoffrin, d'après C. N. Cochin le fils. (234)

Très belle épreuve à la sanguine. Grandes marges.
Cadre en bois sculpté et doré de l'époque Louis XIV.

DEMARTEAU (G.)

55. Les Grâces et l'Amour, d'après Boucher. (347)

Belle épreuve aux crayons de couleurs. Petites marges.

DEMARTEAU (G.)

56. Le Plaisir innocent, d'après J.-B. Huet. (433)

Très belle épreuve aux crayons de couleurs. Petites marges.

DEMARTEAU (G.)

57. Le Sculpteur, d'après Clermont. (446)

Belle épreuve aux crayons de couleurs. Sans marges.

DEMARTEAU (G.)

58. Le Petit Charriot, d'après Boucher. (503)

Belle épreuve aux crayons de couleurs. Sans marges.

DRAX (d'après Miss)

59. Zilia, au temple du Soleil, par Mlle Baillay. Ovale gr. in-4.

Très belle épreuve imprimée en couleurs. Marges

ÉCOLE ANGLAISE

60. Cécilia Evrard. — Sophronia. Deux pièces in-4 ovales, imprimées en couleurs.

Très belles épreuves à toutes marges.

EISEN le père (d'après)

61. L'Amour en ribote, par L. Halbou. In-fol.

Belle épreuve. Sans marges de trois côtés.

EISEN (d'après Ch.)

62. Les Amusements champêtres.
Le Bal champêtre.
Deux pièces in-4, gravées par J. de Longueil.

Belles épreuves. Petites marges.

FRAGONARD (d'après H.)

63. Annette à l'âge de quinze ans, par F. Godefroy.

Belle épreuve. Marges.

FRAGONARD (d'après H.)

64. Le Baiser à la dérobée, par N. F. Regnault.

Très belle épreuve. Grandes marges.

FRAGONARD (d'après H.)

65. Le Pot au lait. — Le Verre d'eau. Deux pièces en larg. faisant pendants, gravés par N. Ponce.

Bonnes épreuves. Petites marges.

FRAGONARD (d'après H.)

66. Le Verrou, par Blot.

Belle épreuve. Petites marges.

FRAGONARD et Mlle GÉRARD (d'après)

67. L'Enfant chéri, par Regnault et Vidal. In-fol.

Très belle épreuve avec le titre seul. Marges.

GAINSBOROUGH (d'après)

68. *Devonshire* (Georgina, duchess of), par H. Meyer. In-4.

Très belle épreuve. Petites marges.

GAUTIER-DAGOTY (Edouard)

68 *bis*. Alexandre et son médecin, d'après Eust. Le Sueur. Médaillon gr. in-fol.

Très belle épreuve imprimée en couleurs, avant la légende gravée dans la composition, encadrée.

GÉRARD (d'après Mlle)

69. L'Art d'Aimer, par H. Gérard. In-fol.

Très belle épreuve. Marges.

GÉRARD (d'après Mlle)

70. La Balançoire.
Les Premiers pas de l'enfance.
Deux pièces in-fol. faisant pendants, gravés par H. Gérard.

Très belles épreuves avant la lettre. Marges.

GÉRARD (d'après Mlle)

71. Le Présent, par G. Vidal. In-fol.

Très belle épreuve. Marges.

GÉRARD (Mlle) **LE PRINCE** (d'après)

72. Le Bonheur du ménage.
Regrets mérités.
Deux pièces en larg. gravées par N. De Launay.
Belles épreuves. Marges.

GREUZE (d'après J.-B.)

73. La Mère bien-aimée, par Massard. In-fol.
Superbe épreuve avant la lettre. Grandes marges.

74. La même estampe.
Très belle épreuve. Marges. Signée au verso par Greuze et Massard.

GREUZE (d'après J.-B.)

75. La Philosophie endormie (Portrait de Madame Greuze), par Aliamet.
Très belle épreuve. Marges.

GREUZE (d'après J. B.)

76. Le Tendre désir, gravé par C... *A Paris, chez Massard.*
Très belle épreuve, grandes marges.

HAID (J. J.)

77. *Diede* (Hans Eitel) zum Fursten stein. In-fol à la manière noire, d'après Lippold.
Belle épreuve.

HOPPNER (d'après J.)

78. *Sophia Western.* Portrait de Mrs Phœbe Hoppner, femme de l'artiste, par J. R. Smith.
Très belle épreuve imprimée en couleurs, petites marges.

HOUSTON (Richard)

79. *George* (His Royal Highness), Prince of Wales, etc., d'après Hen. Morland. In-fol, à la manière noire.

Très belle épreuve, marges.

HUET (d'après J.-B.)

80. L'Amour maternel.

Belle épreuve imprimée en couleurs, sans marges.

HUET (d'après J.-B.)

81. The Balance. — The Sump. Deux pièces in-4, en larg., gravées par Bonnet.

Belles épreuves imprimées en couleurs, petites marges.

HUET (d'après J.-B.)

82. Berger et Bergère.

Belle épreuve en couleurs, sans marges.

HUET (d'après J.-B.)

83. Les Chasseurs.
Les Plaisirs de la campagne.
Deux pièces en largeur faisant pendants, gravées par Mixelle et publiées chez Bonnet.

Très belles épreuves imprimées en couleurs, marges.

JACOBE (J.)

84. *Elisabeth* (S. A. S. Madame) Princesse de Wurtemberg-Stuttgardt. In-fol. à la manière noire d'après Gabrielli, 1783.

Très belle épreuve, marges

JANINET (Fr.)

85. L'Agréable négligé, d'après P. A. Baudouin (E. B. 28).

Très belle épreuve imprimée en couleurs (les angles sont coupés) cadre ovale en bois doré.

JANINET (Fr.)

86. Bacchus préside à la fète.
Le Culte sistématique.
Deux pièces in-4, faisant pendants, d'après Ph. Caresme.

Très belles épreuves, imprimées en couleurs. Sans marges de trois côtés.

JANINET (Fr.)

87. Projet d'un monument à Louis XVI, d'après Moreau le Jeune et Varène, 1790 (P. et B. 49).

Très belle épreuve avant la lettre imprimée en couleurs, marges.

JANINET (Fr.)

88. Les Trois Grâces, d'après Pellegrini.

Très belle épreuve avant la lettre, imprimée en couleurs du 1er Etat avant la guirlande de roses, grandes marges.

KAUFFMANN (d'après Ang.)

89. Joseph telling his Dream to his Father.
Joseph Sold by his Brethren.
Deux pièces in-fol. en larg. gravées par Murphy.

Superbes épreuves imprimées en couleurs, marges ; très rare en aussi bel état de fraîcheur et de conservation.

KONIG (F. N.)

90. Der Abend-Sitz. — Der Kiltgang. — Die Kinds-Tauffe.
Trois pièces intéressantes sur les mœurs et les costumes des habitants du canton de Berne, dessinées et gravées par l'artiste.

Très belles épreuves en couleurs, marges.

LANGENHOFFEL (J. J.)

91. Amor und Bacchus. *Gemalt und gestochen von J.J. Langenhoffel, Professor der Academie der Schonen Künste zu Düsseldorf*, pet. in-fol. en larg.

Très belle et rare épreuve imprimée en couleurs, marges. Les repérages très apparents.

LAVREINCE (d'après Nic.)

92. L'Accident imprévu (E. B. 1).
La Sentinelle en défaut (E. B. 58).
Deux estampes in-folio faisant pendants.

Très belles épreuves du premier tirage, imprimées en bistre, *avec les armoiries*, grandes marges.

LAVREINCE (d'après Nic.)

93. Le Billet doux.
Qu'en dit l'abbé ?
Deux pièces faisant pendants, gravées par N. de Launay (E. B. 10 et 51).

Belles épreuves, petites marges. (Restauration dans la marge du bas).

LAVREINCE (d'après Nic.)

94. La Consolation de l'Absence, par N. de Launay (E. B. 14).

Très belle épreuve, sans marges, encadrée.

LAVREINCE (d'après Nic.)

95. La Consolation de l'Absence, par N. de Launay (E. B. 14).

Superbe épreuve, petites marges

LAVREINCE (d'après Nic.)

96. L'Heureux Moment, par N. de Launay (E. B. 28).

Très belle épreuve, sans marges, encadrée.

LAVREINCE (d'après Nic.)

97. L'Heureux Moment, par N. de Launay (E. B. 28).

Très belle épreuve, petites marge. (Légères restaurations sur les bords).

LAVREINCE (d'après Nic.)

98. Les Sabots, par Couché (E. B. 57).

Très belle et rare épreuve imprimée en couleurs, *à la poupée*, grandes marges (Etat non décrit dans l'œuvre de Bocher).

LAVREINCE (d'après N.)

99. Les Sabots, par Couché (E. B. 57).

Très belle épreuve, rognée au trait carré et remmargée.

LAVREINCE (d'après N.)

100. Les Soins mérités, par de Launay (E. B. 60).

Très belle épreuve, sans marges, encadrée.

LAWRENCE (d'après Sir Thomas)

101. *Bloxam* (Miss), nièce de Sir Thomas Lawrence, par F. C. Lewis, 1830.

Très belle épreuve avant la lettre, grandes marges.

LAWRENCE (d'après Sir Thomas)

102. The Hamilton Children, par F. C. Lewis. 1830.

Belle épreuve, grandes marges.

LAWRENCE (d'après Sir Thomas)

103. *Lock* (Master), par W. Humphrys, in-4.

Belle épreuve, grandes marges

LAWRENCE (d'après Sir Thomas)

104. The Gipsy, par S. W. Reynolds, in-4.

Très belle épreuve avec la petite lettre et avec le mot *Proof*, grandes marges.

LEVILLY (J. P.)

105. L'Instant heureux. — Le Pas dangereux. Deux pièces gr. in-4, faisant pendants.

Très belles épreuves, imprimées en couleurs, marges.

LEVILLY (J.-P.)

106. La Promenade du matin.
La Promenade du soir.
Deux pièces in-4 faisant pendants.

Très belles épreuves imprimées et rehaussées de couleurs. Marges.

MARIN (L.)

107. The Fines musicioners, d'après Raoux. In-4 en larg.

Superbe épreuve imprimée en couleurs, avec la bordure bleu et or. Petites marges. Très rare en cet état de conservation.

METZ (d'après Miss)

108. Pretty Dick, par E. Scott.

Belle épreuve imprimée en bistre. Marges.

MONTHULÉ (M.)

109. Le Doux Réveil. *A Paris, chez Fatou.*

Très belle épreuve à toutes marges.

MOREAU LE JEUNE (d'après J.-M.)

110. Exemple d'humanité donné par Mme la Dauphine (Marie-Antoinette), le 16 octobre 1773, par Martini et Godefroy.

Très belle épreuve. Marges.

MOREAU LE JEUNE (d'après J.-M.)

111. Le Rendez-vous pour Marly, par Carl Guttenberg.

Belle épreuve. Petites marges.

MOREAU LE JEUNE (d'après J.-M.)

112. Les Vœux accomplis. Portrait de Mme la comtesse d'Artois, sur un socle entouré de personnages allégoriques, par J.-B. Simonet. 1783, in-fol.

Belle épreuve. Les marges ont un peu souffert.

MORLAND (d'après G.)

113. A Tea Garden.
The Park St James.

Deux belles estampes faisant pendants, gravées par Mlle Rollet.

Superbes épreuves imprimées en couleurs. Grandes marges. Cadres en bois sculpté et doré de style Louis XVI.

MORLAND (d'après G.)

114. — Les mêmes estampes.

Belles épreuves en noir. Grandes marges.

MORLAND (d'après G.)

115. Gathering Fruit.
Gathering Wood.

Deux charmantes estampes in-fol. faisant pendants, gravées au pointillé par R. M. Meadows.

Très belles épreuves. Marges. Cadres en baguettes anciennes sculptées et dorées, époque Louis XVI.

MORLAND (d'après G.)

116. Louisa. Deux pièces ovales faisant pendant, gravées par Aug. Legrand.

Belles épreuves imprimées en couleurs. Marges. (L'une épreuve est remargée d'un côté).

MORLAND (d'après G.)

117. Variety, par Bartolotti.

Belle épreuve. Petites marges.

MORLAND (d'après G.)

118. Intérieur d'Ecurie et pendant. Deux pièces in-folio.

Très belles épreuves en couleurs. Sans marges.

MORLAND (d'après G.)

119. Prepanning a recruit. — Recruit deserted. — Deserter taking leave of his wife. — Deserter pardon'd. Suite de quatre pièces in-4, gravées par Suntach.

Belles épreuves, petites marges.

MURPHY (J.)

120. The Settled family Secure and Happy.
The Settling family attacked by Savages.
Deux estampes in-fol. faisant pendants, d'après Singleton.

Superbes épreuves imprimées en couleurs, très fraiches de ton, encadrées dans des baguettes anciennes en bois doré et sculpté de l'époque Louis XVI.

NORTHCOTE (d'après J.)

121. Petite Fruitière Anglaise, par Jeanne Bonnefoy.

Belle épreuve imprimée en couleurs, marges.

NORTHCOTE (d'après J.)

122. La Petite Laitière Anglaise. In-4, au pointillé, par Fr. Bartolozzi ?

Très belle épreuve, imprimée en bistre, avant toutes lettres, petites marges.

PETERS (d'après W.)

123. Peasants with Fruit and Flowers, par J.-B. Michel.

Très belle épreuve à la sanguine, petites marges.

PICHLER (John)

124. Andromeda and Perséus. In-fol. à la manière noire d'après Joseph d'Arpino.

Très belle épreuve avant la lettre, les noms d'Artistes et le titre tracés à la pointe, marges.

QUEVERDO (d'après)

125. Le Repos, par Dambrun.

Très belle épreuve, petites marges.

RAFFET (Aug.)

126. Retraite du bataillon sacré à Waterloo (H. G. 80 R.)

Très belle épreuve du 1er tirage sur blanc, grandes marges. Rare en pareille condition.

REYNOLDS (d'après Sir Joshua)

127. Angels. “ Portrait of Lady Arabella Ker. Gordon in five positions ”. In-4, à la manière noire, par W. Ward.

Très belle épreuve sur papier de chine, à toutes marges.

REYNOLDS (d'après Sir Joshua)

128. A Contemplative Youth, par C. H. Hodges, in-4.

Très belle épreuve, petites marges.

REYNOLDS (d'après Sir Joshua)

129. *Marlborough* (Caroline duchess of) with lady Caroline Spencer her daughter. In-fol., à la manière noire, par J. Watson.

Très belle épreuve, marges.

REYNOLDS (d'après Sir Joshua)

130. *Spencer* (The Rt Honble Countess), par Bonnefoy, in-4.

Très belle épreuve, imprimée en couleurs, grandes marges. Rare en aussi bel état de conservation.

REYNOLDS (d'après Sir Joshua)

131. *Talbot.* (The Right honourable lady), gravé à la manière noire par Val. Green, in-fol. en pied.

Belle épreuve, sans marges sur les côtés.

REYNOLDS (d'après Sir Joshua)

132. Vénus, par Joseph Collyer ; in-4.

Très belle épreuve, petites marges.

ROMNEY (d'après G.)

133. Serena, par J. Jones. 1790.

Très belle épreuve, grandes marges.

SCHUTZ (C.)

134. Le Château de Schœnbrunn vers le jardin.
Vue du Château de Plaisance et jardin Imp. Roy de Schœnbrunn, du côté du Grand Chemin.

Deux pièces pet. in-fol. en larg. faisant pendants, *publiées à Vienne chez Artaria.*

Très belles épreuves en couleurs, grandes marges.

SMITH (J. R.)

135. *George, Prince of Wales* (His. Royal Highness). In-fol. gravé à la manière noire.

Très belle épreuve, marges.

SMITH (J. R.)

136. A Widow. In-fol., 1791.

Très belle épreuve, d'une parfaite conservation, grandes marges.

SINGLETON (d'après A.)

137. The Milk-maid. In-8, par I. Eginton.

Belle épreuve imprimée en bistre.

SINTZENICH (Von)

138. *Zingg* (Adrian), graveur. In-4 à la manière noire d'après Seydel-Mann.

Très belle épreuve, marges.

TAUNAY (d'après)

139. Noce de Village.
Foire de Village.
Deux estampes imprimées en couleurs, faisant pendants, gravées par Descourtis.

Très belles épreuves du 1er tirage avec les armoiries, sans marges de trois côtés.

TURNER (d'après F. C)

140. Female Equestrians : The Park, par Ch. Hunt; in-fol. en larg.

Belle épreuve en couleurs, encadrée.

VIDAL

141. La Cuisinière Française.
Le Malin Cuisinier.
Deux pièces in-4 en larg., d'après Cottibert et Gazard.

Très belles épreuves, marges.

WARD (d'après J.)

142. Summer. — Winter.
Deux pièces gravées par Bartolotti.

Belles épreuves imprimées en bistre, marges.

WATSON (James)

143. The Female correspondent; in-fol. à la manière noire, d'après Metzu.

Très belle épreuve avant la lettre et avec les salissures sur la tablette, sans marges.

WATTEAU (d'après Ant.)

144. Les Agréments de l'Eté, par Joulin (100)

Superbe épreuve, grandes marges.

WATTEAU (d'après Ant.)

145. Camp Volant, par N. Cochin.

Très belle épreuve, petites marges.

WATTEAU (d'après Ant.)

146. Diane au bain, par P. Aveline (36)

Très belle épreuve, marges.

WATTEAU (d'après Ant.)

147. La Lorgneuse, par G. Scotin.

Très belle épreuve, grandes marges.

WATTEAU (d'après Ant.)

148. Retour de Campagne, par N. Cochin.

Très belle épreuve, petites marges.

WATTEAU (d'après Ant.)

149. La Troupe Italienne en vacance, par P. M. (Mercier) (72)

Très belle épreuve, marges.

WESTALL (d'après)

150. Vénus et les Amours; in-4 en larg , par Ruotte.

Très belle épreuve imprimée en couleurs, marges.

WHEATLEY (d'après F.)

151. L'Aiguiseur, par G. Vendramini. " Cries of London ".

Très belle épreuve imprimée en couleurs, petites marges.

WHEATLEY (d'après F.)

152. Carrots and Turnips, par J. Gaugain. " Cries of London "

Très belle épreuve imprimée en couleurs, petites marges.

WHEATLEY (d'après F.)

153. The Family dinner.

Tendernes persuading Rehistance.

Deux pièces faisant pendants, gravées par G. Keating.

Très belles épreuves imprimées en couleurs, petites marges,

ZIEGLER (F.)

154. Palais de la Garde noble Hongroise et le jardin du Prince d'Auersperg, 1780.

Vue du Prater vers la Ville 1781.

Deux pièces in-fol. en larg. *publiées à Vienne chez Artaria.*

Très belles épreuves en couleurs, grandes marges.

[illegible]

www.ingramcontent.com/pod-product-compliance
Ingram Content Group UK Ltd.
Pitfield, Milton Keynes, MK11 3LW, UK
UKHW020224180726
13838UKWH00005B/2172

9 782329 488226